sakola - škola	2
lalampahan - putešestvie	5
transportasi - transport	8
kota - gorod	10
pamandangan - landšaft	14
restoran - restoran	17
supermarkét - supermarket	20
inuman - napitki	22
dahareun - eda	23
pertanian - ferma	27
imah - dom	31
rohang tamu - gostinaâ	33
dapur - kuhnâ	35
kamar ibak - vannaâ komnata	38
kamar budak - detskaâ komnata	42
acuk - odežda	44
kantor - ofis	49
ékonomi - èkonomika	51
pagawéan - professii	53
alat - instrumenty	56
alat musik - muzykal'nye instrumenty	57
kebon binatang - zoopark	59
olahraga - sport	62
aktivitas - dejstviâ	63
kulawarga - sem'â	67
awak - telo	68
rumah sakit - bol'nica	72
darurat - neotložnyj slučaj	76
Bumi - zemlâ	77
jam - časy	79
minggu - nedelâ	80
taun - god	81
bentuk - formy	83
warna-warna - cveta	84
sabalikna - protivopoložnosti	85
angka-angka - cyfry	88
basa-basa - âzyki	90
saha / naon / kumaha - kto / čto / kak	91
di mana - gde	92

Impressum
Verlag: BABADADA GmbH, Nedderfeld 112 , 22529 Hamburg
Geschäftsführer / Verlagsleitung: Harald Hof
Druck: Books on Demand GmbH, In de Tarpen 42, 22848 Norderstedt

Imprint
Publisher: BABADADA GmbH, Nedderfeld 112 , 22529 Hamburg, Germany
Managing Director / Publishing direction: Harald Hof
Print: Books on Demand GmbH, In de Tarpen 42, 22848 Norderstedt

sakola
škola

- bagi / delit'
- papan doska
- rohang kelas / klassnaâ komnata
- pakarangan sakola / škol'nyj dvor
- guru / učitel'
- kertas bumaga
- nyerat / nulis / pisat'
- kalam / ručka
- méja gawé / pis'mennyj stol
- jidar / linejka
- buku / kniga
- murit / učonik

tas sakola
ranec

wadah potlot
penal

potlot
karandaš

rautan potlot
točilka

pamupus
lastik

kertas gambar
al'bom dlâ risovaniâ

gambar
risunok

kuas cét
kistočka

kotak cét
korobka krasok

gunting
nožnicy

lém
klej

buku latihan
tetrad'

péér
domašnââ rabota

angka
cyfra

nambahkeun
pribavlât'

kurang
vyčitat'

kali
umnožat'

ngitung
sčitat'

surat
bukva

alpabét
alfavit

kecap
slovo

sakola - škola

 téks / tekst	 maca / čitat'	 kapur / mel
 palajaran / urok	 daptar / klassnyj žurnal	 ujian / èkzamen
 sértipikat / diplom	 saragam sakola / škol'naâ forma	 atikan / obrazovanie
 énsiklopédi / èncyklopediâ	 univérsitas / universitet	 mikroskop / mikroskop
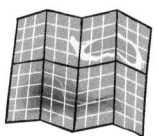 peta / karta	 wadah runtah / korzina dlâ bumag	

sakola - škola

lalampahan
putešestvie

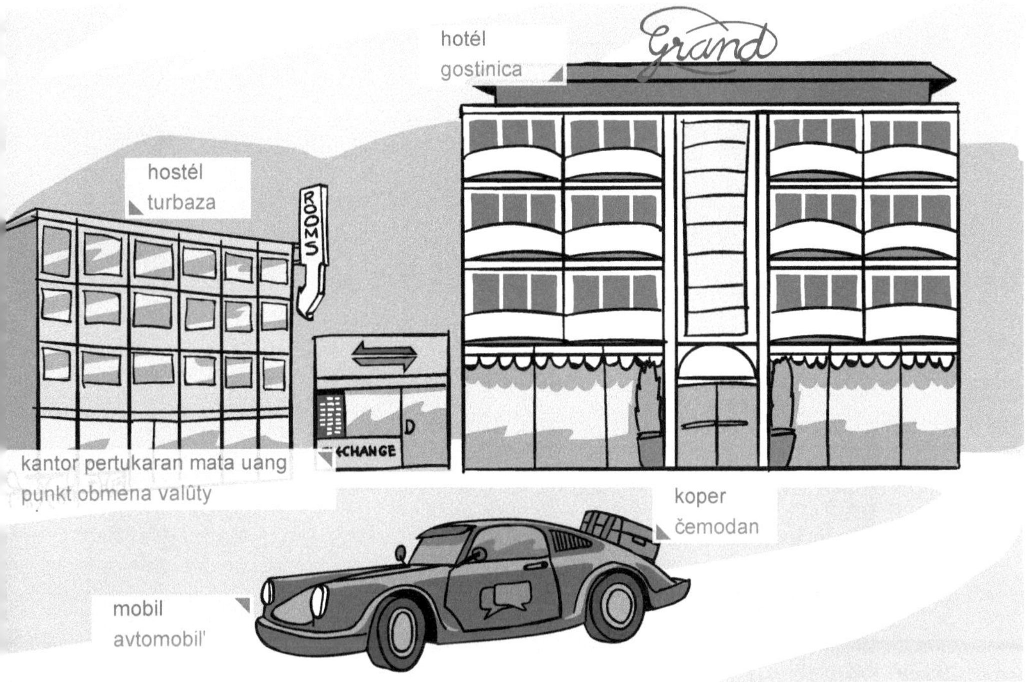

hotél
gostinica
Grand
hostél
turbaza
ROOMS
EXCHANGE
kantor pertukaran mata uang
punkt obmena valûty
koper
čemodan
mobil
avtomobil'

basa

âzyk

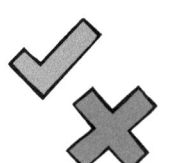

muhun / henteu

da / net

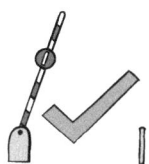

oké

horošo

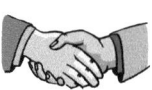

hei

Privet

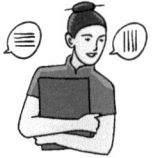

panarjamah

perevodčik

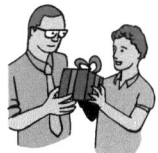

hatur nuhun

Spasibo

sabaraha hargana...?
Skol'ko stoit...?

abdi teu ngartos
Â ne ponimaû

masalah
problema

Wilujeng wengi!
Dobryj večer!

Wilujeng siang!
Dobroe utro!

Wilujeng wengi!
Dobroj noči!

mugi patepang deui
Do svidaniâ

arah
napravlenie

bagasi
bagaž

kantong
sumka

ransel
rûkzak

tamu
gost'

rohang
komnata

kantong saré
spal'nyj mešok

tenda
palatka

| informasi wisata | pantai | kartu krédit |
| turističeskaâ informacyâ | plâž | kreditnaâ kartočka |

| sarapan | dahar beurang | dahar peuting |
| zavtrak | obed | užyn |

 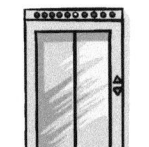 

| tikét | lift | perangko |
| bilet | lift | počtovaâ marka |

| wates | cukai | kedutaan |
| granica | tamožnâ | posol'stvo |

| visa | paspor |
| viza | pasport |

lalampahan - putešestvie

transportasi
transport

kapal terbang / samolët

parahu motor / korabl'

mobil pemadam kebakaran / požarnyj avtomobil'

treuk / gruzovik

beus / avtobus

parahu motor / motornaâ lodka

mobil / avtomobil'

sapeda / velosiped

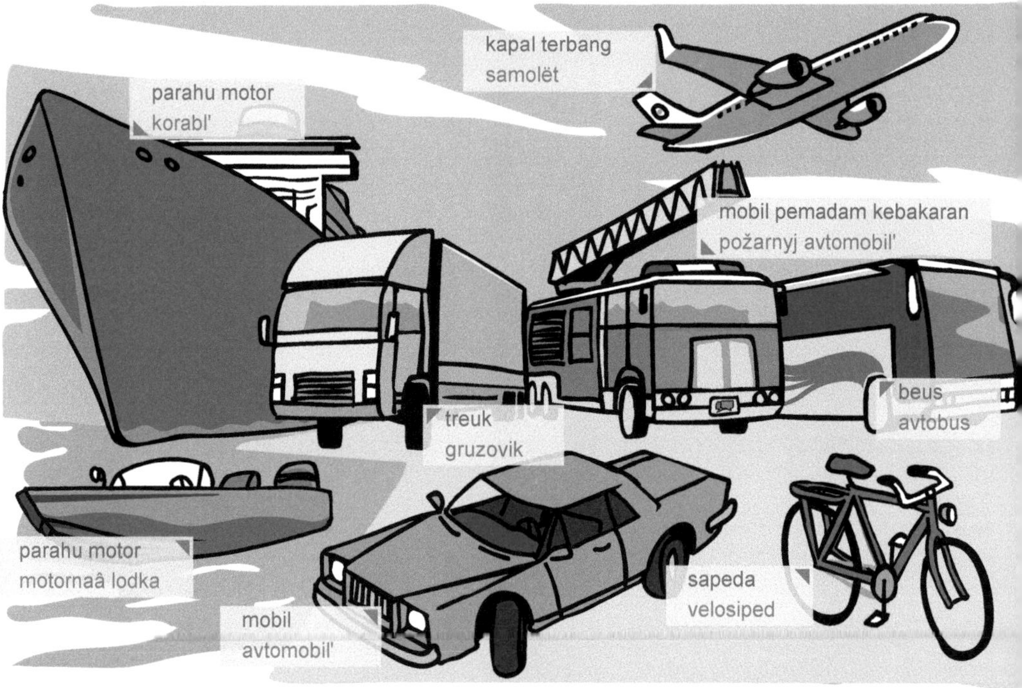

kapal féri
parom

parahu
lodka

sapeda motor
motocykl

mobil pulisi
policejskij avtomobil'

mobil balap
gonočnyj avtomobil'

mobil nyéwa
arendovannyj avtomobil'

transportasi - transport

mobil babarengan   treuk dérék   treuk runtah

sovmestnoe pol'zovanie avtomobilâmi   buksirovočnyj avtomobil'   musorovoz

motor   bahan bakar   bénsin

dvigatel'   toplivo   zapravka

 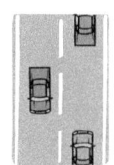 

tanda lalulintas   lalulintas   macét

dorožnyj znak   dviženie   probka

 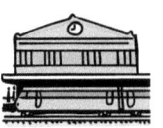 

parkir mobil   stasiun karéta   trék

avtostoânka   vokzal   rel'sy

 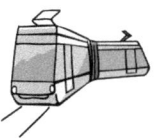 

karéta api   tram   garobag

poezd   tramvaj   vagon

transportasi - transport

hélikopter
vertolët

bandara
aèroport

munara
vyška

panumpang
passažyr

konténer
kontejner

karton
korobka

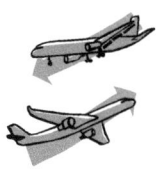

troli
teležka

karanjang
korzina

terbang / landas
vzletat' / prizemlät'sä

kota
gorod

kampung
derevnâ

tengah kota
centr goroda

imah
dom

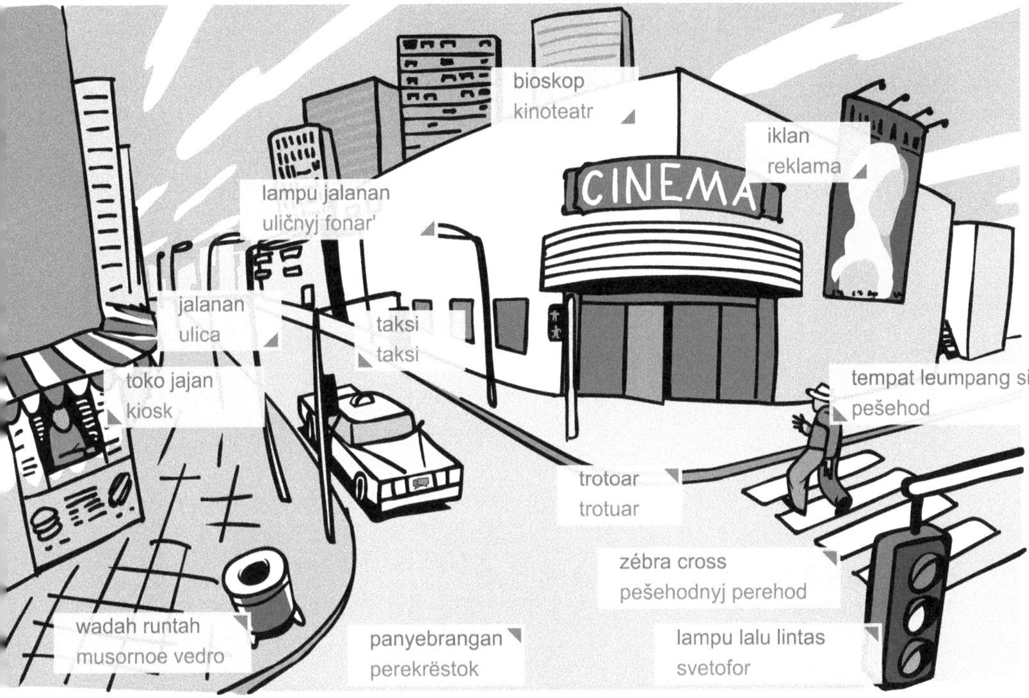

bioskop
kinoteatr

iklan
reklama

lampu jalanan
uličnyj fonar'

jalanan
ulica

taksi
taksi

toko jajan
kiosk

tempat leumpang sis
pešehod

trotoar
trotuar

zébra cross
pešehodnyj perehod

wadah runtah
musornoe vedro

panyebrangan
perekrëstok

lampu lalu lintas
svetofor

gubuk
hižyna

imah flat
kvartira

stasiun karéta
vokzal

balai kota
ratuša

museum
muzej

sakola
škola

kota - gorod

univérsitas
universitet

bank
bank

rumah sakit
bol'nica

hotél
gostinica

farmasi
apteka

kantor
ofis

toko buku
knižnyj magazin

toko
magazin

toko kembang
cvetočnyj magazin

supermarkét
supermarket

pasar
rynok

swalayan
univermag

nalayan
torgovec ryboj

pusat balanja
torgovyj centr

palabuan
port

kota - gorod

kebon
park

korsi
skamejka

sasak
most

tangga
lestnica

kareta bawah tanah
metro

torowongan
tonnel'

halte beus
avtobusnaâ ostanovka

bar
bar

restoran
restoran

kotak surat
počtovyj âšik

tanda jalan
tablička s nazvaniem ulicy

meteran parkir
parkometr

kebon binatang
zoopark

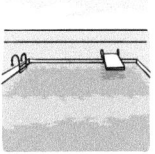
kolam renang
bassejn

masigit
mečet'

kota - gorod

pertanian
ferma

polusi
zagrâznenie okružaûŝej sredy

kuburan
kladbiŝe

gareja
cerkov'

tempat ulin
detskaâ ploŝadka

pura
hram

pamandangan
landšaft

daun
list

panunjuk arah
dorožnyj ukazatel'

jalanan
doroga

ladang jukut
lug

batu
kamen'

tangkal
derevo

tukang leumpang
putešestvennik

susukan
reka

jukut
trava

kembang
cvetok

14   pamandangan - landšaft

 lengkob / dolina	 bukit / gora	 tasik / ozero
 leuweung / les	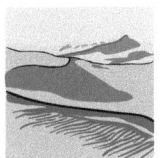 gurun / pustynâ	 gunung marapi / vulkan
 karaton / zamok	 katumbiri / raduga	 suung / grib
 tangkal palem / pal'ma	 reungit / komar	 laleur / muha
 sireum / muravej	 nyiruan / pčela	 lamat lancah / pauk

pamandangan - landšaft

nyiruan
žuk

bangkong
lâguška

bajing
belka

landak
ež

kalinci
zaâc

bueuk
sova

manuk
ptica

soang
lebed'

bagong
kaban

kijang
olen'

kijang
los'

bendungan
plotina

turbin angin
vetrânoj generator

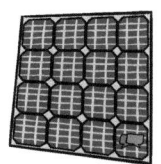
panél surya
solnečnaâ batareâ

iklim
klimat

pamandangan - landšaft

restoran
restoran

- badega / oficyant
- menu / menû
- korsi / stul
- sop / sup
- pitsa / picca
- parkakas dahar / stolovye pribory
- taplak / skatert'

hidangan pembuka
zakuska

hidapan utama
glavnoe blûdo

hidangan penutup
desert

inuman
napitki

dahareun
eda

botol
butylka

dahareun cepat saji
fastfud

jajanan sisi jalan
uličnaâ eda

téko téh
čajnik

wadah gula
saharnica

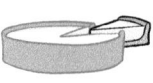
porsi
porcyâ

mesin éspréso
kofevarka

korsi jangkung
detskij stul'čik

tagihan
sčet

baki
podnos

péso
nož

garpu
vilka

séndok
ložka

séndok téh
čajnaâ ložka

serbét
salfetka

gelas
stakan

restoran - restoran

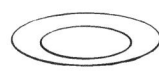

piring
tarelka

mangkok sop
supovaâ tarelka

pisin
blûdce

saos
sous

wadah uyah
solonka

panggiling pedes
mel'nica dlâ perca

cuka
uksus

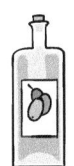

minyak
maslo

bumbu
specyi

saos tomat
ketčup

mustard
gorčica

mayonés
majonez

supermarkét
supermarket

tawaran husus
specyal'noe predloženie

klién
pokupatel'

produk susu
moločnye produkty

troli
teležka dlâ pokupok

buah
frukty

tukang meuncit

mâsnoj magazin

toko roti

pekarnâ

nimbang

vzvešyvať

sayur

ovoŝi

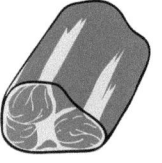

daging

mâso

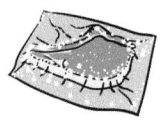

tuangeun beku

bystrozamorožennye produkty

supermarkét - supermarket

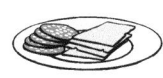
alat potong daging
narezka

dahareun kaléng
konservy

sabun serbuk
stiral'nyj porošok

permén
sladosti

perkakas rumah tangga
predmet domašnego obihoda

produk pembersih
moûšee sredstvo

tukang jualan
prodavŝica

kasa
kassa

kasir
kassir

daftar balanja
spisok pokupok

jam buka
vremâ raboty

dompét
bumažnik

kartu krédit
kreditnaâ kartočka

kantong
sumka

kantong palastik
poliètilenovyj paket

supermarkét - supermarket

inuman
napitki

cai
voda

jus
sok

susu
moloko

kola
koka-kola

anggur
vino

arak
pivo

arak
alkogol'

coklat
kakao

téh
čaj

kopi
kofe

éspréso
èspresso

kapucino
kapučino

dahareun
eda

pisang
banan

apel
âbloko

jeruk
apel'sin

samangka
arbuz

lémon
limon

wortel
morkov'

bawang bodas
česnok

awi
bambuk

bawang bombai
luk

suung
grib

suuk
orehi

emih
lapša

spagéti
spagetti

sangu
ris

salat
salat

kentang goréng
kartofel' fri

kentang goréng
žarenyj kartofel'

pitsa
picca

hamburger
gamburger

roti lapis
sêndvič

sakeureut daging
šnicel'

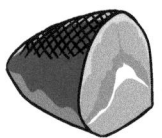

ham
vetčina

salami
salâmi

sosis
kolbasa

hayam
kurica

ngagoreng
žarkoe

lauk
ryba

bubur gandum
ovsânye hlop'â

séréal
mûsli

cornflakes
kukuruznye hlop'â

tarigu
muka

croissant
kruassan

roti
buločka

roti
hleb

roti panggang
tost

biskuit
pečen'e

mantéga
maslo

dadih
tvorog

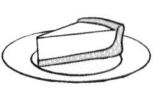

kuéh
pirog

endog
âjco

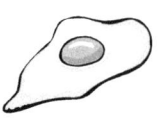

goréng endog
âičnica

keju
syr

dahareun - eda

eskrim
moroženoe

gula
sahar

madu
mëd

selé
marmelad

krim coklat
krem s nugoj

karé
karri

pertanian
ferma

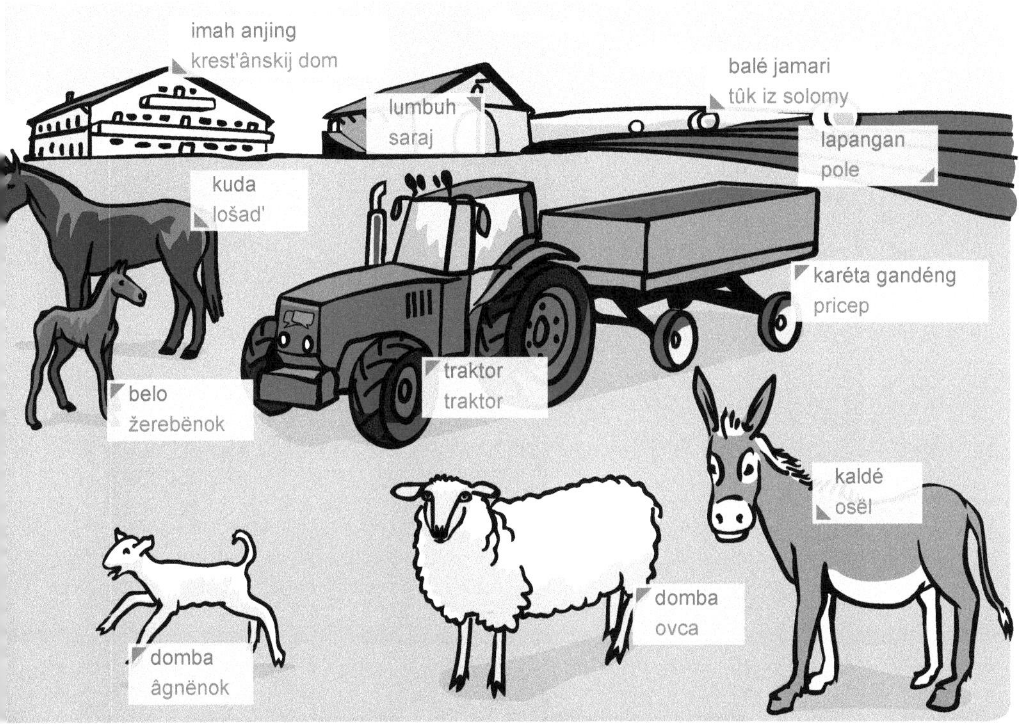

imah anjing
krest'ânskij dom

balé jamari
tûk iz solomy

lumbuh
saraj

lapangan
pole

kuda
lošad'

karéta gandéng
pricep

belo
žerebënok

traktor
traktor

kaldé
osël

domba
ovca

domba
âgnënok

embé

koza

sapi

korova

bitis

telënok

bagong

svin'â

babi

porosënok

banténg

byk

soang — gus'
éntog — utka
pitik — cyplënok

hayam — kurica
hayam jago — petuh
beurit — krysa

ucing — koška
beurit — myš'
sapi — vol

anjing — sobaka
imah anjing — konura
selang — sadovyj šlang

kaléng nyiram — lejka
arit panjang — kosa
ngabajak — plug

pertanian - ferma

arit
serp

pacul
motyga

garpuh jukut
navoznye vily

kapak
topor

gorobah
tačka

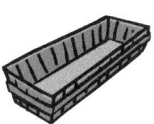

palung
koryto

kaléng susu
bidon dlâ moloka

karung
mešok

pager
zabor

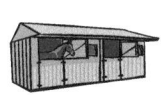

kandang
hlev

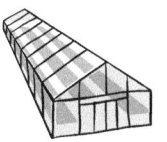

imah kaca
teplica

taneuh
počva

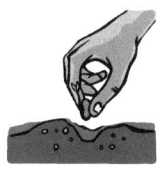

benih
posev

pupuk
udobrenie

mesin permén
kombajn

pertanian - ferma

panén

sobirat' urožaj

panén

urožaj

yams

âms

gandum

pšenica

kedelé

soâ

kentang

kartofel'

jagong

kukuruza

lobak

raps

tangkal buah

fruktovoe derevo

sampeu

maniok

séréal

zlaki

pertanian - ferma

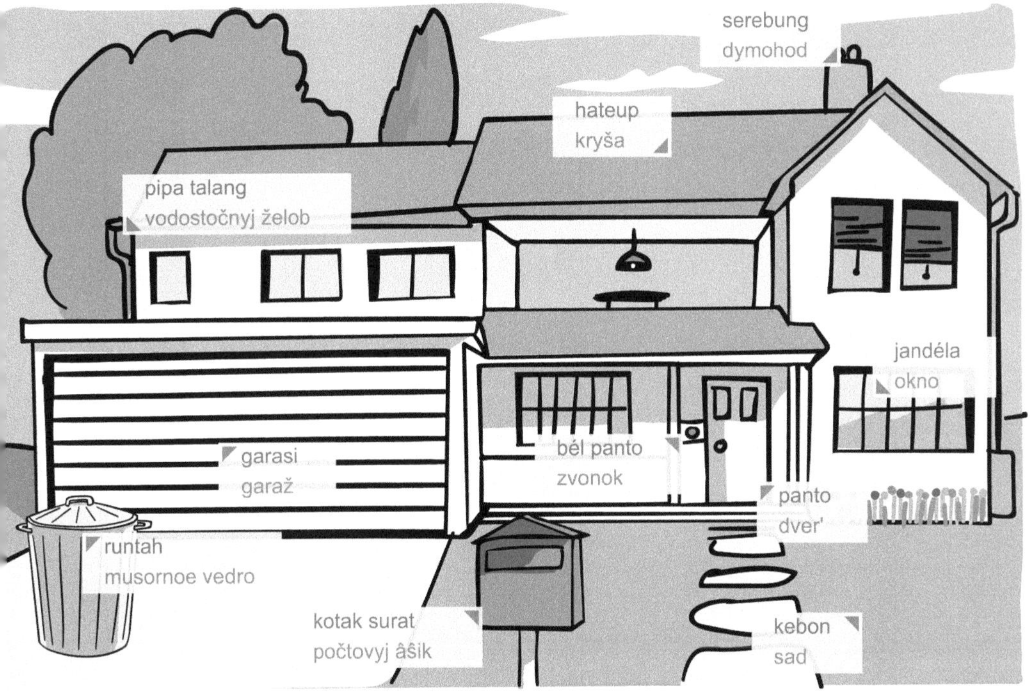

imah
dom

serebung / dymohod
hateup / kryša
pipa talang / vodostočnyj želob
jandéla / okno
garasi / garaž
bél panto / zvonok
panto / dver'
runtah / musornoe vedro
kotak surat / počtovyj âšik
kebon / sad

rohang tamu
gostinaâ

kamar ibak
vannaâ komnata

dapur
kuhnâ

pangkéng
spal'nâ

kamar budak
detskaâ komnata

kamar makan
stolovaâ

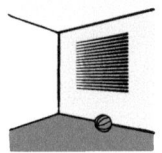

téhel

pol

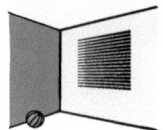

tembok

stena

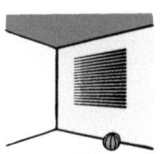

hateup

potolok

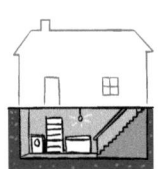

gudang di handap imah

podval

sauna

sauna

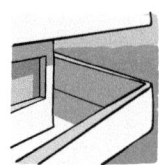

balkon

balkon

tepas

terrasa

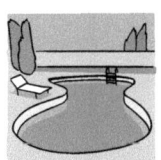

kolam renang

bassejn

mesin pamotong jukut

gazonokosilka

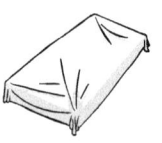

sepré

pododeâl'nik

simbut

pokryvalo

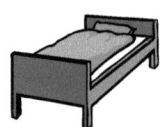

ranjang

krovat'

sapu

metla

émbér

vedro

tombol

vyklûčatel'

imah - dom

rohang tamu
gostinaâ

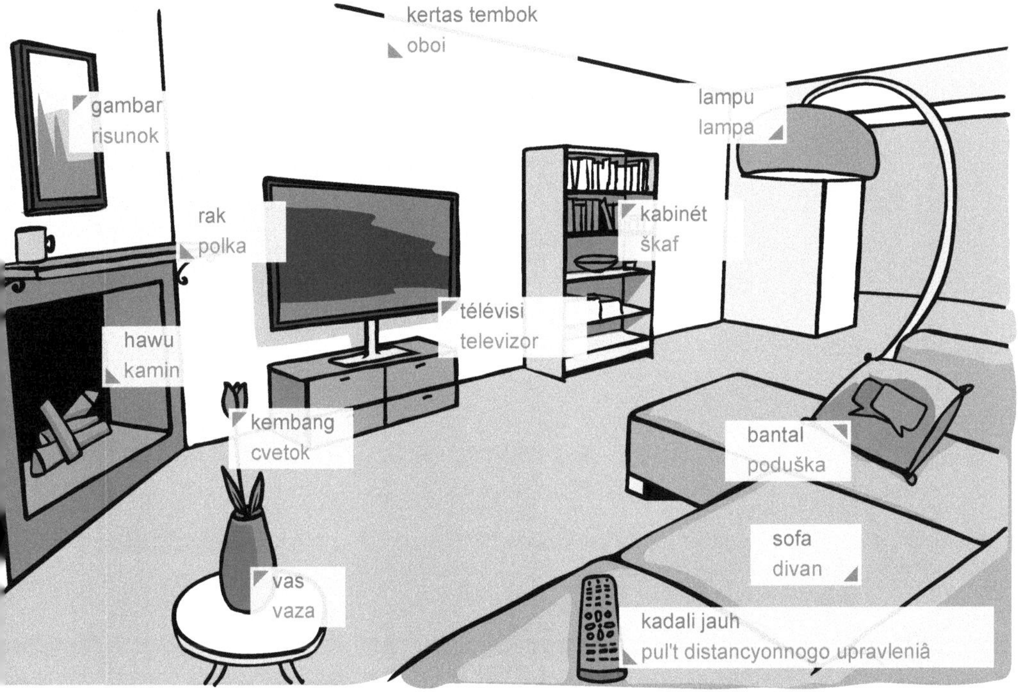

- kertas tembok / oboi
- gambar / risunok
- lampu / lampa
- rak / polka
- kabinét / škaf
- hawu / kamin
- télévisi / televizor
- kembang / cvetok
- bantal / poduška
- sofa / divan
- vas / vaza
- kadali jauh / pul't distancyonnogo upravleniâ

karpét
kovër

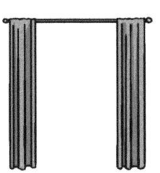

hordéng
štora

meja
stol

korsi
stul

korsi goyang
kreslo-kačalka

korsi malas
kreslo

buku	simbut	dékorasi
kniga	pokryvalo	ukrašenie

suluh	pilem	hi-fi
drova	fil'm	stereosistema

konci	surat kabar	lukisan
kluč	gazeta	kartina

poster	radio	buku tulis
plakat	radio	bloknot

panyedot kebul	kaktus	lilin
pylesos	kaktus	sveča

rohang tamu - gostinaâ

dapur
kuhnâ

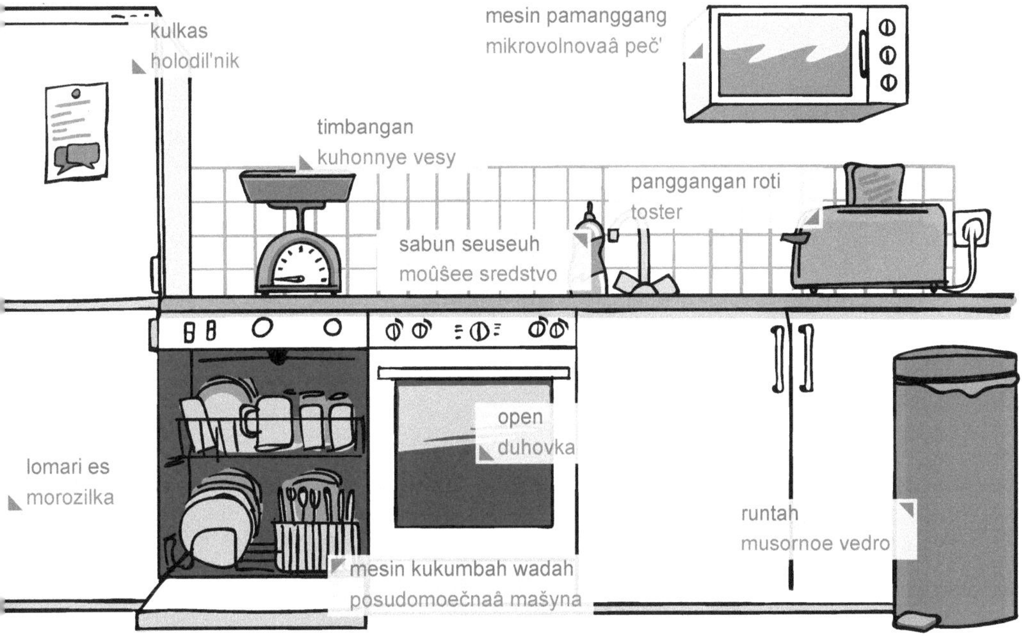

kulkas
holodil'nik

mesin pamanggang
mikrovolnovaâ peč'

timbangan
kuhonnye vesy

panggangan roti
toster

sabun seuseuh
moûšee sredstvo

open
duhovka

lomari es
morozilka

runtah
musornoe vedro

mesin kukumbah wadah
posudomoečnaâ mašyna

kompor
plita

panci
kastrûlâ

panci beusi
čugunnyj kotelok

katél
vok / kadaj

panci
skovoroda

citél
čajnik

dapur - kuhnâ   35

langseng
parovarka

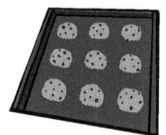

baki
protiven'

piring
posuda

cangkir
kružka

mangkok
miska

sumpit
paločki dlâ edy

sendok sop
polovnik

sérok
lopatka

pangocok
sbivalka

ayakan
sito

saringan
sito

parutan
tërka

mortar
stupka

daging bakar
gril'

suluh
kostër

dapur - kuhnâ

papan pamotong

doska

gilingan

skalka

alat pambuka tutup botol

štopor

kaléng

žestânaâ banka

pambuka kaléng

konservnyj nož

gagang panci

prihvatka

tilelep

rakovina

sikat

ŝetka

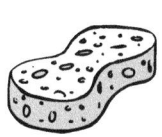

busa

gubka

blénder

mikser

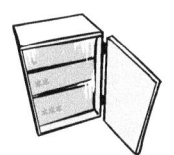

lomari es

morozil'naâ kamera

botol orok

butyločka dlâ kormleniâ

keran

kran

dapur - kuhnâ

kamar ibak
vannaâ komnata

mesin pamanas
otoplenie

ibak
duš

anduk
polotence

hordeng kamar ibak
duševaâ zanaveska

mandi busa
penistaâ vanna

bak mandi
vanna

gelas
stakan

mesin cuci
stiral'naâ mašyna

téhel
plitka

keran
kran

pispot
goršok

tilelep
rakovina

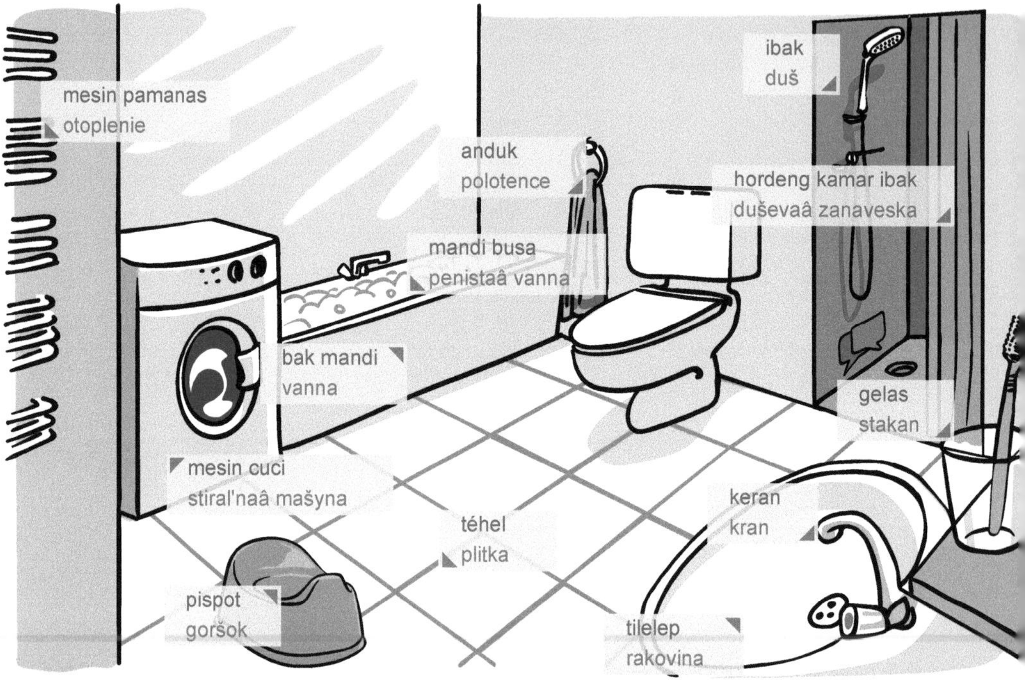

jamban
tualet

cubluk
napol'nyj unitaz

bidét
bide

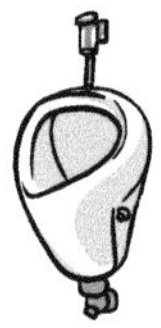

urinal
pissuar

kertas jamban
tualetnaâ bumaga

sikat jamban
eršyk

38 kamar ibak - vannaâ komnata

sikat huntu
zubnaâ šetka

odol
zubnaâ pasta

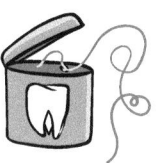

benang gigi
zubnaâ niť

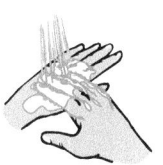

nyeuseuh
myť

kokocoran leungeun
ručnoj duš

kukucuran
intimnyj duš

bak
taz

panyikat tonggong
šetka dlâ spiny

sabun
mylo

gel ibak
geľ dlâ duša

sampo
šampun'

planél
močalka

nguras
stok

krim
krem

déodoran
dezodorant

kamar ibak - vannaâ komnata

eunteung
zerkalo

eunteung leungeun
ručnoe zerkalo

péso cukur
britva

busa cukur
pena dlâ brit'â

krim cukur
los'on posle brit'â

sisir
rasčeska

sikat
šetka

alat panggaring rambut
fen

semprotan rambut
lak dlâ volos

pangrias beungeut
kosmetika

lipstik
gubnaâ pomada

cét kuku
lak dlâ nogtej

kapas
vata

gunting kuku
manikûrnye nožnicy

minyak seungit
duhi

kamar ibak - vannaâ komnata

kantong seuseuh
kosmetička

bangku
taburetka

timbangan
vesy

baju mandi
halat

sarung tangan karét
rezinovye perčatki

sampon
tampon

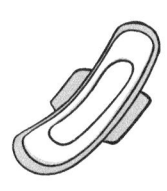
handuk pembalut
gigieničeskaâ prokladka

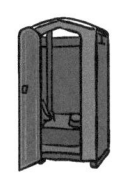
jamban kimia
biotualet

kamar ibak - vannaâ komnata

kamar budak
detskaâ komnata

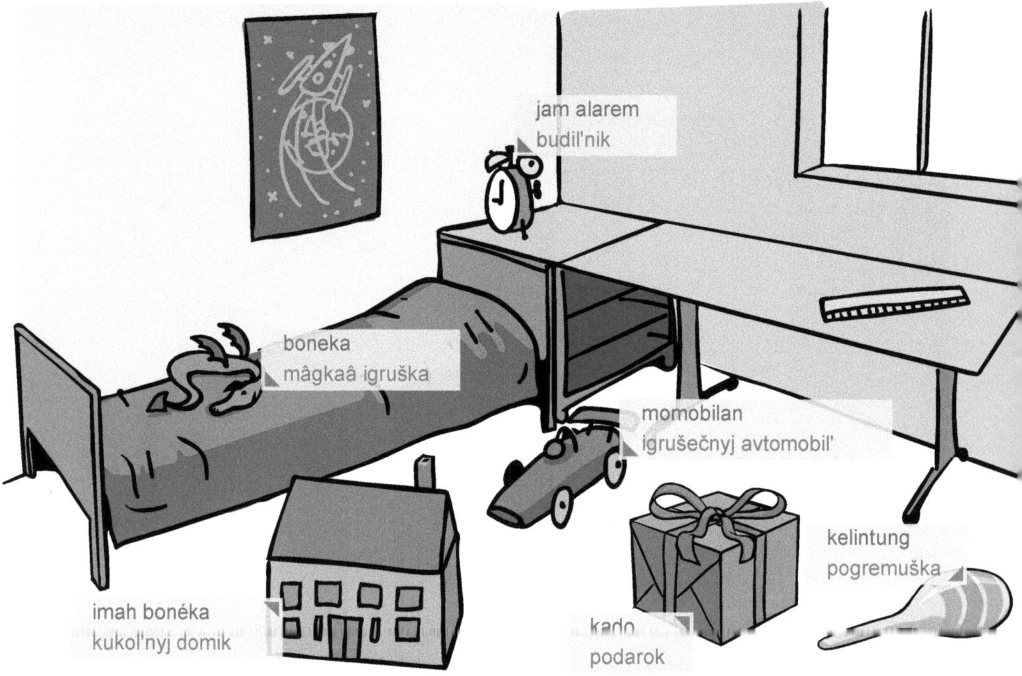

jam alarem
budil'nik

boneka
mâgkaâ igruška

momobilan
igrušečnyj avtomobil'

imah bonéka
kukol'nyj domik

kado
podarok

kelintung
pogremuška

balon
vozdušnyj šar

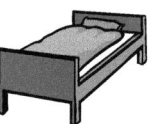

ranjang
krovat'

karéta orok
detskaâ kolâska

kartu
kartočnaâ igra

tatarucingan
pazl

komik
komiks

kaulinan lego
kirpičiki Lego

kaulinan bentuk blok
kubiki

figur tokoh
igrušečnaâ figurka

baju budak
polzunki

frisbee
frisbi

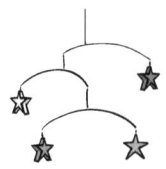
mobile
mobile

papan gim
nastol'naâ igra

dadu
kubik

set model kareta api
model' železnoj dorogi

endot
soska

pihak
večerinka

buku gambar
kniga s kartinkami

bal
mâč

bonéka
kukla

ulin
igrat'

kamar budak - detskaâ komnata

wadah pasir maénan
pesočnica

ayunan
kačeli

kaulinan
igruška

video gim konsol
igrovaâ pristavka

sapedah roda tilu
trëhkolesnyj velosiped

bonéka beruang
plûševyj medvežonok

lomari baju
škaf dlâ odeždy

acuk
odežda

kaos kaki
noski

kaos kaki
čulki

baju ketat
kolgotki

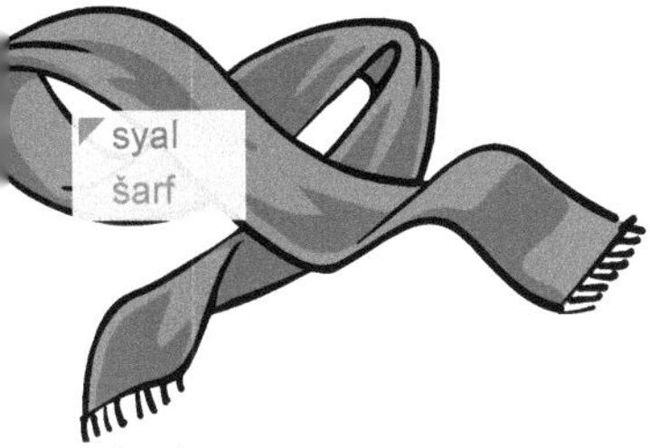

syal
šarf

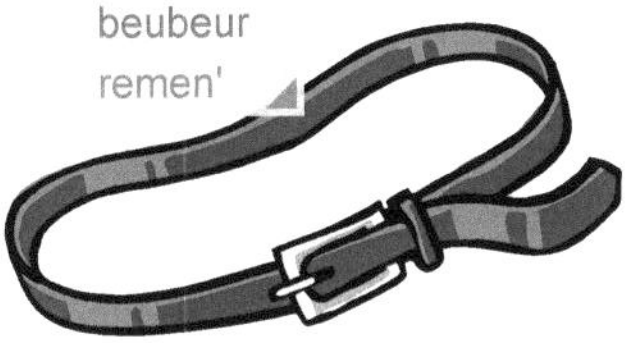

payung
zontik

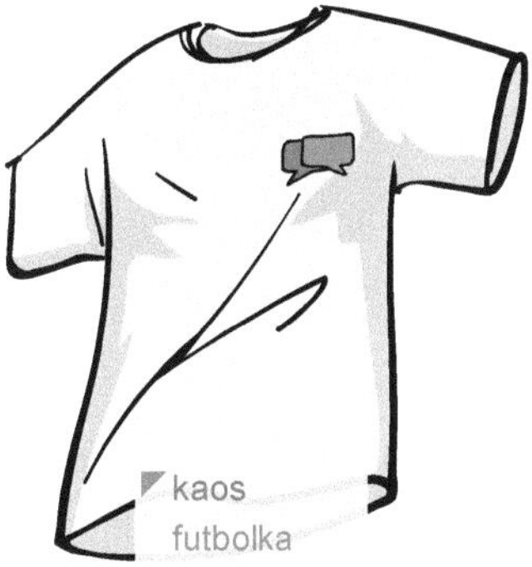

kaos
futbolka

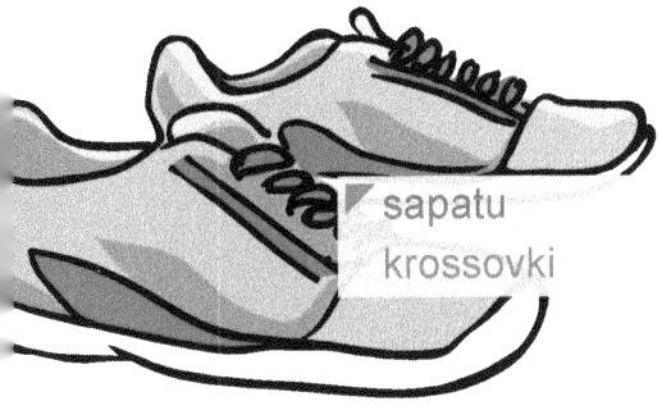

beubeur
remen'

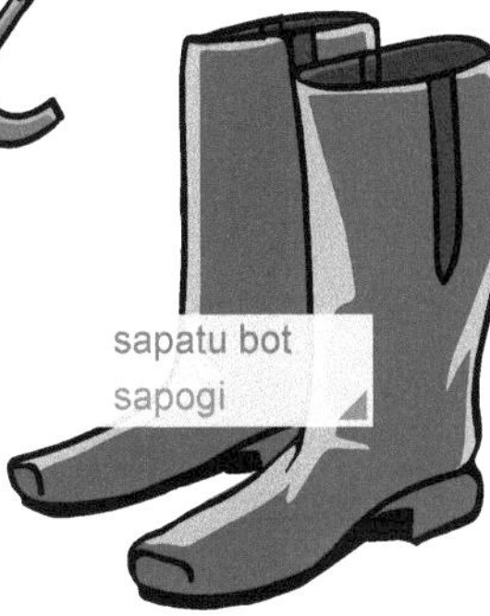

sapatu bot
sapogi

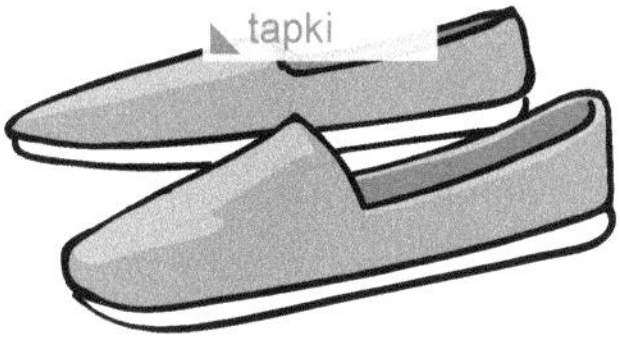

sendal
tapki

sapatu
krossovki

sendal
sandalii

sapatu
botinki

sapatu bot karét
rezinovye sapogi

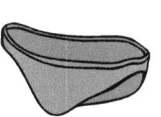

cangcut
trusy

kutang
bûstgal'ter

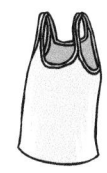

baju rompi
majka

acuk - odežda

awak
bodi

calana
brûki

jins
džynsy

rok
ûbka

blus
bluzka

kaméja
rubaška

jakét tiung
sviter

baju haneut
sviter

jakét
sportivnaa kurtka

jakét
žaket

jakét
pal'to

jas hujan
plaš

kostum
kostûm

gaun
plat'e

gaun pangantén
svadebnoe plat'e

baju resmi	baju saré	piyama
mužskoj kostûm	nočnaâ soročka	pižama

sari	tiung	turban
sari	platok	tûrban

burka	kaftan	abaya
parandža	kaftan	abajâ

baju renang	calana renang	calana péndék
kupal'nik	plavki	šorty

orang raga	celemék	sarung tangan
sportivnyj kostûm	fartuk	perčatki

acuk - odežda

kancing

pugovica

kaca soca

očki

gelang

braslet

kongkorong

cepočka

ali

kol'co

giwang

ser'ga

topi

šapka

gantungan jakét

vešalka

topi

šlapa

dasi

galstuk

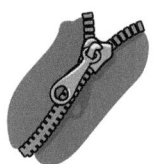

risléting

zastežka molniâ

hélem

šlem

tali salémpang

podtâžki

saragam sakola

škol'naâ forma

saragam

forma

acuk - odežda

apron orok
detskij nagrudnik

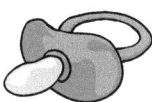
endot
soska

popok
podguznik

kantor
ofis

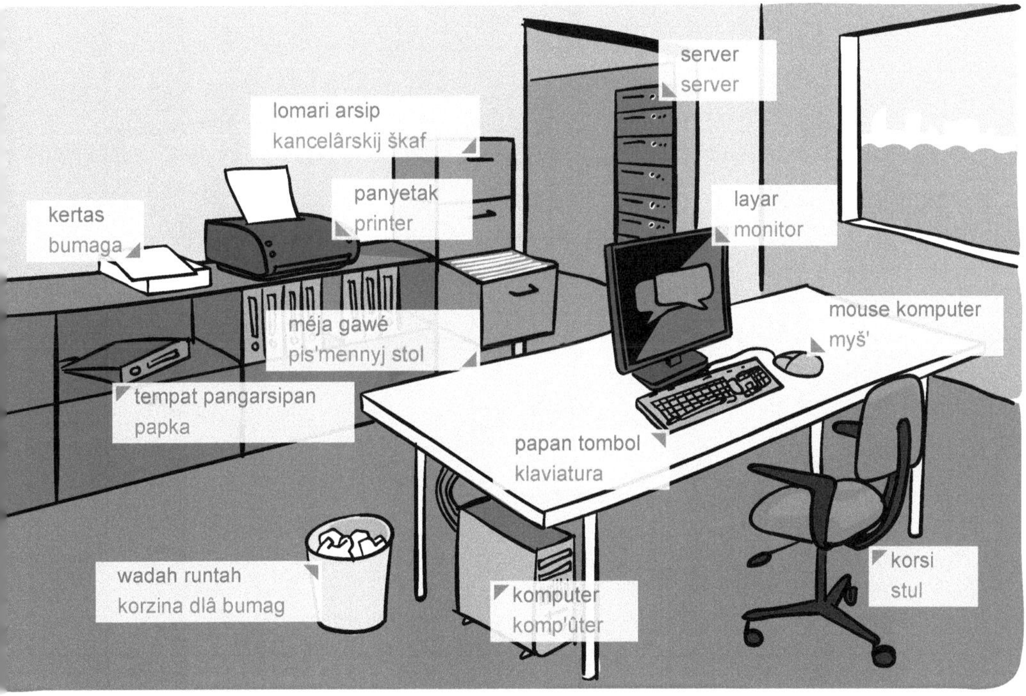

- server / server
- lomari arsip / kancelârskij škaf
- panyetak / printer
- layar / monitor
- kertas / bumaga
- méja gawé / pis'mennyj stol
- mouse komputer / myš'
- tempat pangarsipan / papka
- papan tombol / klaviatura
- wadah runtah / korzina dlâ bumag
- komputer / komp'ûter
- korsi / stul

cangkir kopi
kofejnaâ kružka

kalkulator
kal'kulâtor

internét
internet

laptop
noutbuk

surat
pis'mo

pesen
soobšenie

telpon sélulér
mobil'nyj telefon

jaringan
set'

fotokopi
kseroks

software
programma

telpon
telefon

plug sokét
rozetka

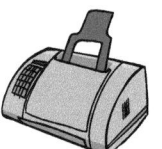
mesin fax
faks

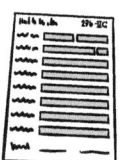
formulir
formulâr

dokumén
dokument

kantor - ofis

ékonomi
èkonomika

mésér
pokupat'

mayar
platit'

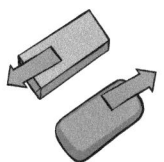
dagang
torgovat'

artos
den'gi

dollar
dollar

euro
evro

yen
iena

rubel
rubl'

Franc swiss
frank

renminbi yuan
žèn'min'bi ûan'

rupiah
rupiâ

ATM
bankomat

| kantor pertukaran mata uang / punkt obmena valûty | emas / zoloto | pérak / serebro |

| minyak / neft' | énérgi / ènergiâ | harga / cena |

  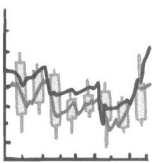

| kontrak / dogovor | pajak / nalog | saham / akcyâ |

| gawé / rabotat' | karyawan / služašij | dunungan / rabotodatel' |

| pabril / fabrika | toko / magazin |

ékonomi - èkonomika

pagawéan
professii

petugas pulisi
milicyoner

pemadam kebakaran
požarnyj

koki
povar

dokter
vrač

pilot
pilot

tukan kebon
sadovnik

tukang kai
stolâr

tukang jait awéwé
šveâ

hakim
sud'â

ahli kimia
himik

aktor
aktër

sopir beus

voditel' avtobusa

sopir taksi

taksist

nalayan

rybak

pembantu

uboršica

tukang hateup

krovel'šik

badega

oficyant

tukang muru

ohotnik

pelukis

hudožnik

tukang roti

pekar'

tukang listrik

èlektrik

tukang bangun

stroitel'

insinyur

inžener

tukang daging

måsnik

tukang pipa

santehnik

tukang pos

počtal'on

tentara
soldat

arsiték
arhitektor

kasir
kassir

tukang kembang
florist

tukang salon
parikmaher

konduktor
konduktor

tukang méngkél
mehanik

kaptén
kapitan

dokter gigi
zubnoj vrač

ilmuwan
učenyj

rabbi
ravvin

imam
imam

biarawan
monah

pendéta
svâšennik

alat
instrumenty

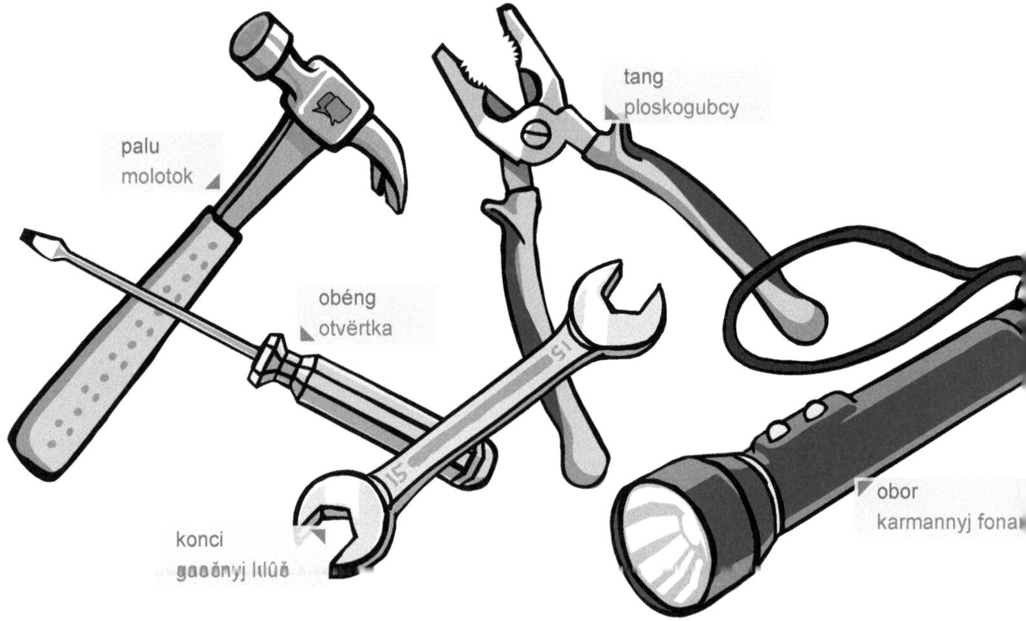

palu
molotok

tang
ploskogubcy

obéng
otvërtka

konci
gaečnyj ključ

obor
karmannyj fonar'

panggali
èkskavator

kantong parkakas
âŝik dlâ instrumentov

tangga
stremânka

ragaji
pila

paku
gvozdi

bor
drel'

ngabenerkeun

remontirovat'

sekop

lopata

Kéhéd!

Blin!

pengki

sovok

pot cét

vedro s kraskoj

sekrup bor

vinty

alat musik
muzykal'nye instrumenty

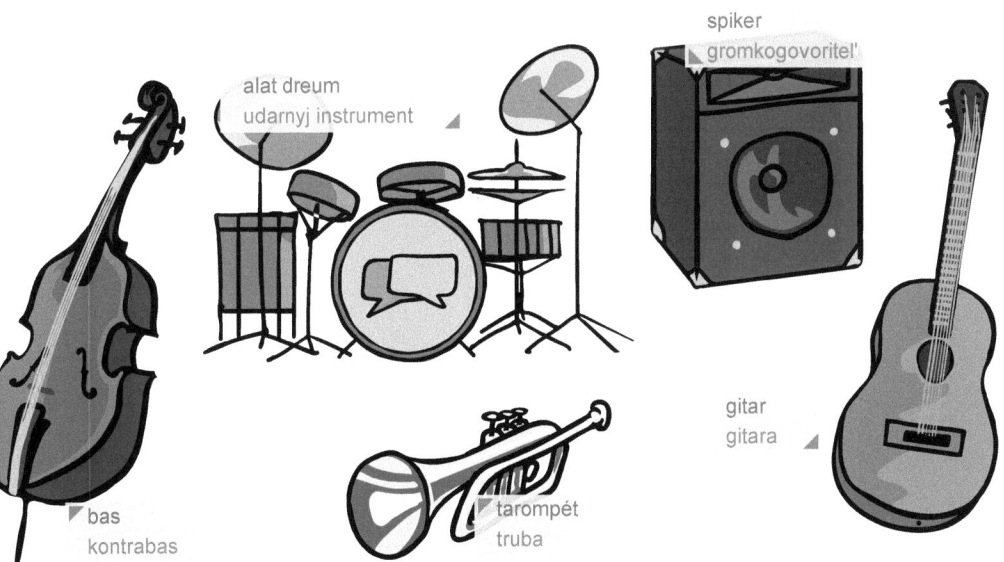

spiker
gromkogovoritel'

alat dreum
udarnyj instrument

bas
kontrabas

tarompét
truba

gitar
gitara

piano
pianino

violin
skripka

bas
bas-gitara

tambur
litavry

dreum
baraban

keyboard
sintezator

saksofon
saksofon

suling
flejta

mikrofon
mikrofon

alat musik - muzykal'nye instrumenty

kebon binatang
zoopark

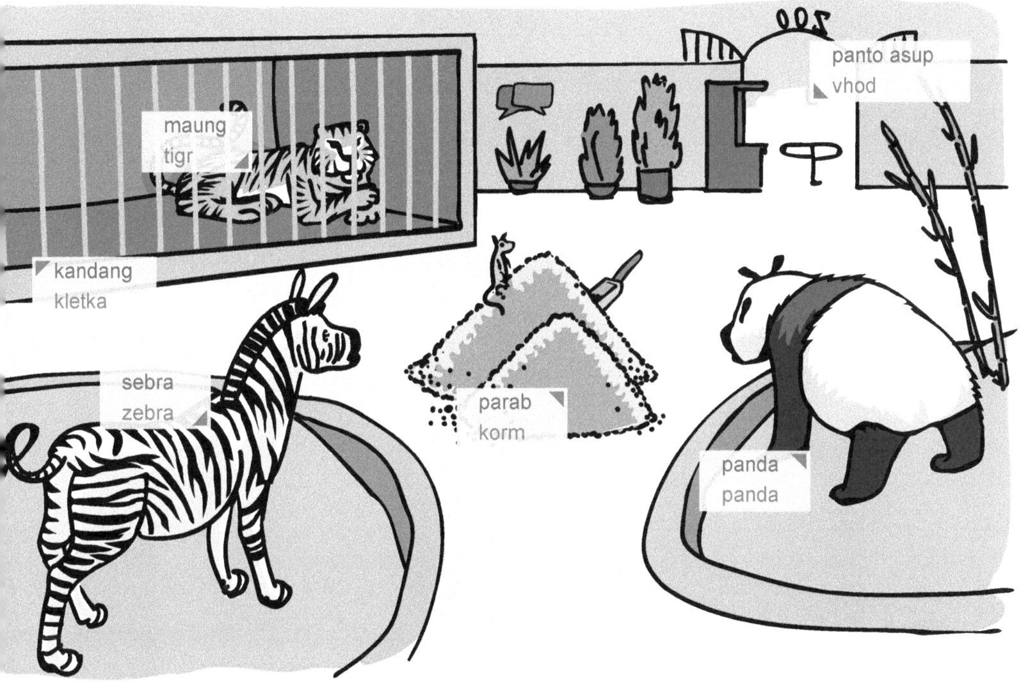

- panto asup / vhod
- maung / tigr
- kandang / kletka
- sebra / zebra
- parab / korm
- panda / panda

sato
žyvotnye

gajah
slon

kanguru
kenguru

badak
nosorog

gorila
gorilla

biruang
medved'

onta
verblûd

manuk onta
straus

singa
lev

monyét
obez'âna

flamingo
flamingo

manuk béo
popugaj

biruang polar
belyj medved

penguin
pingvin

hiu
akula

merak
pavlin

oray
zmeâ

buaya
krokodil

tukang jaga kebon binatang
služytel' zooparka

anjing laut
tûlen'

jaguar
âguar

kuda poni
poni

macan tutul
leopard

kuda nil
begemot

jerapah
žyraf

heulang
orël

bagong
kaban

lauk
ryba

kuya
čerepaha

anjing laut
morž

robah
lisa

kijang
gazel'

olahraga
sport

62   olahraga - sport

aktivitas
dejstviâ

gaganjleng
ygat'

seuri
smeât'sâ

nangkeup
obnimat'

leumpang
idti

nyanyi
pet'

ngimpén
mečtat'

ngadoa
molit'sâ

nyium
celovat'

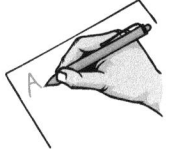

nyerat / nulis
pisat'

ngalukis
risovat'

ningalikeun
pokazyvat'

ngadorong
nažymat'

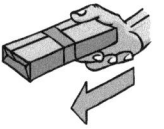

méré
davat'

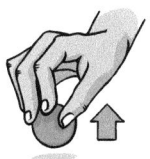

mawa
brat'

boga
imet'

ngalakukeun
delat'

nya éta
byt'

tatih
stoât'

lumpat
bežat'

narik
tânut'

malédog
brosat'

ragrag
padat'

saré
ležat'

nungguan
ždat'

nyandak
nosit'

diuk
sidet'

anggé acuk
nadevat'

saré
spat'

hudang
prosypat'sâ

aktivitas - dejstviâ

ningali
rassmatrivat'

méwék
plakat'

ngusapan
gladit'

nyisir
pričesyvat'

nyarita
govorit'

ngarti
ponimat'

naros
sprašyvat'

ngadéngé
slušat'

nginum
pit'

dahar
kušat'

bébérés
navodit' porâdok

bogoh
lûbit'

masak
gotovit'

nyetir
ehat'

hiber
letat'

aktivitas - dejstviâ

balayar
hodit' pod parusom

ngitung
sčitat'

maca
čitat'

diajar
učit'sâ

gawé
rabotat'

kawin
vstupat' v brak

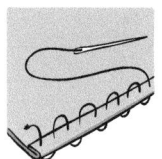
ngajait
šyt'

sikat huntu
čistit' zuby

maéhan
ubivat'

ngarokok
kurit'

ngirim
otpravlât'

aktivitas - dejstviâ

kulawarga
sem'â

nini
babuška

aki
deduška

bapak
papa

emak
mama

orok
mladenec

budak awéwé
doč'

budak lalaki
syn

tamu
gost'

bibi
tetâ

emang
dâdâ

aa
brat

tétéh
sestra

awak
telo

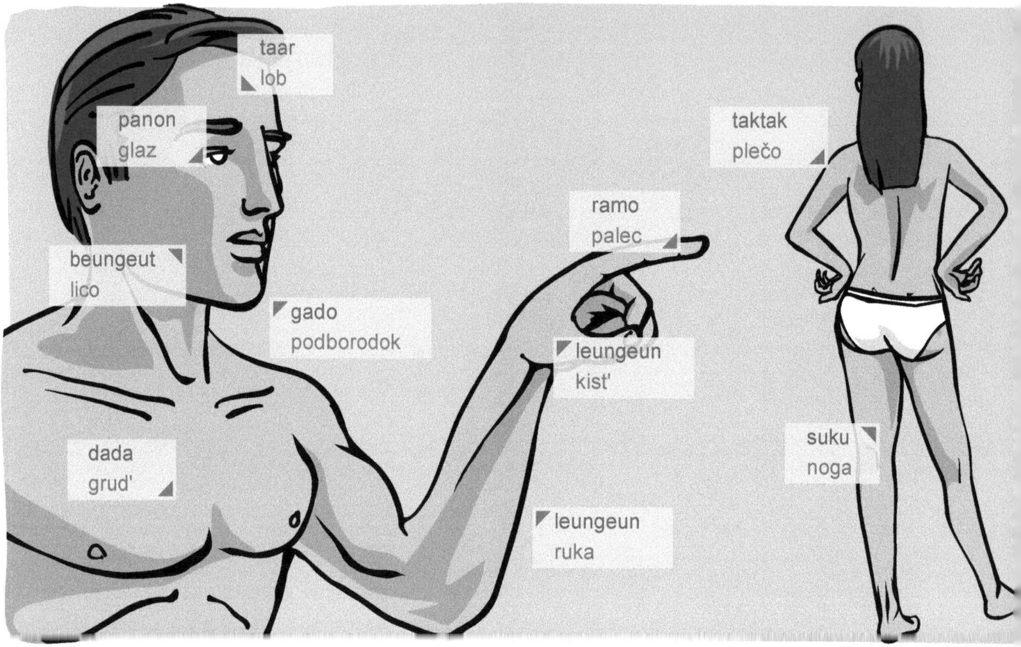

taar
lob

panon
glaz

taktak
plečo

ramo
palec

beungeut
lico

gado
podborodok

leungeun
kisť

dada
grud'

suku
noga

leungeun
ruka

orok

mladenec

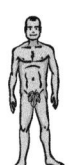

lalaki

mužčina

awéwé

ženšina

awéwé

devočka

lalaki

mal'čik

sirah

golova

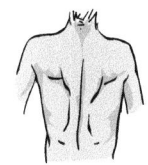

tonggong

spina

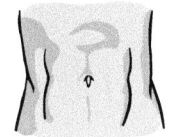

beuteung

žyvot

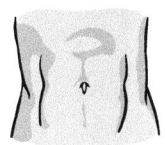

bujal

pupok

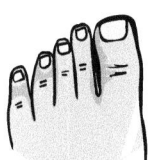

jempol

palec nogi

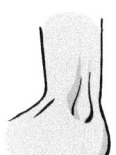

keuneung

pâtka

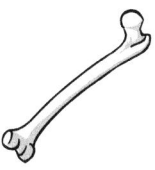

tulang

kosť

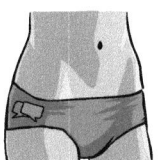

cangkéng

bedro

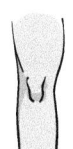

tuur

koleno

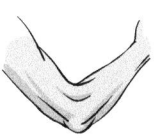

sikut

lokoť

irung

nos

bujur

âgodicy

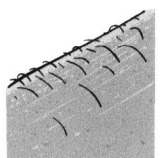

kulit

koža

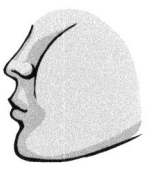

pipi

šeka

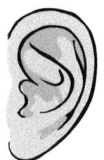

ceuli

uho

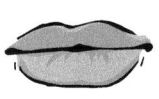

biwir

guba

awak - telo

baham
rot

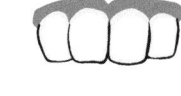
huntu
zub

létah
âzyk

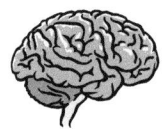
uteuk
mozg

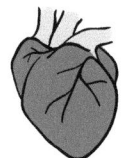
haté
serdce

otot
myšca

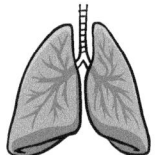
bayah
legkoe

ati
pečen

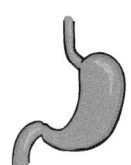
lambung
želudok

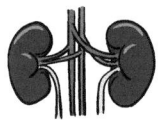
ginjal
počki

sapatemon
polovoj akt

kondom
prezervativ

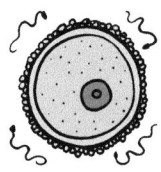
sél telur
âjcekletka

spérma
sperma

kakandungan
beremennost'

awak - telo

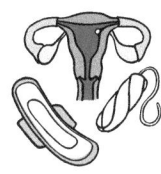

haid
menstruacyâ

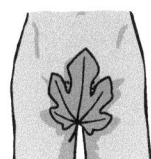

heunceut
vagina

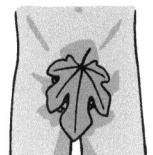

sirit
penis

halis
brov'

buuk
volosy

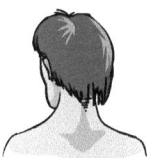

beuheung
šeâ

rumah sakit
bol'nica

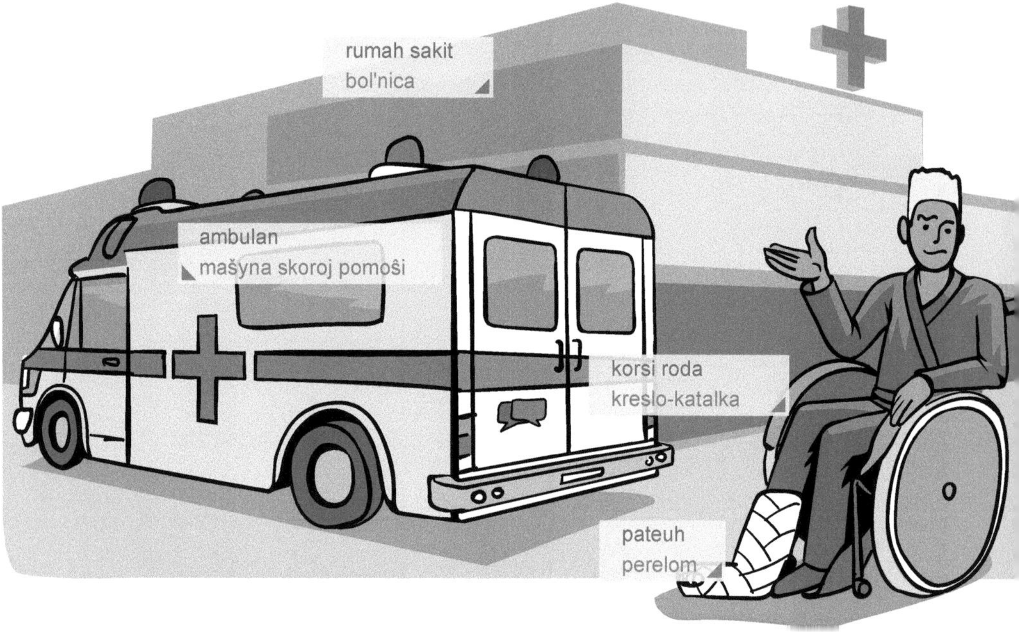

rumah sakit
bol'nica

ambulan
mašyna skoroj pomoši

korsi roda
kreslo-katalka

pateuh
perelom

dokter
vrač

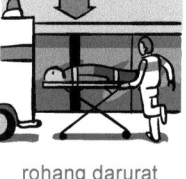

rohang darurat
punkt pervoj pomoši

parawat
medsestra

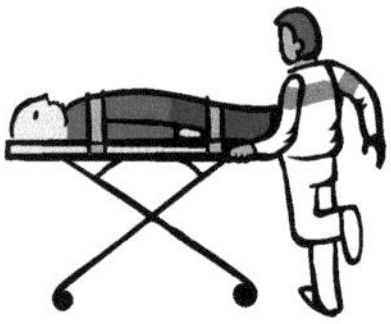

darurat
neotložnyj slučaj

pingsan
bez soznaniâ

nyeri
bol'

rumah sakit - bol'nica

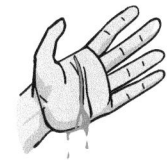
tatu
povreždenie

ngaluarkeun getih
krovotečenie

jantungan
infarkt

strok
insul't

alérgi
allergiâ

batuk
kašel'

muriang
povyšennaâ temperatura

salésma
gripp

birit
ponos

rieut
golovnaâ bol'

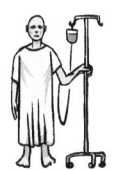
kanker
rak

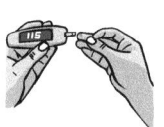
diabétés
diabet

ahli bedah
hirurg

péso bedah
skal'pel'

operasi
operacyâ

rumah sakit - bol'nica

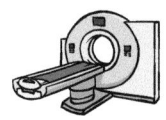
CT
KT

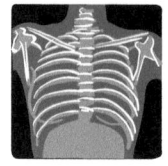
sinar x
rentgen

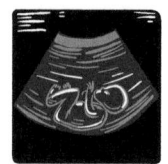
usg
ul'trazvuk

topéng
maska

panyakit
bolezn'

rohang tunggu
priëmnaâ

pangrojong
kostyl'

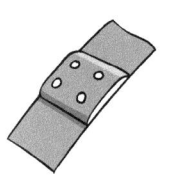
paléstér
plastyr'

perban
bınt

injéksi
ukol

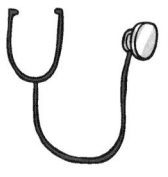
stétoskop
stetoskop

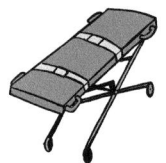
tandu
nosilki

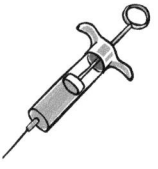
termométer klinis
termometr

kalahiran
roždenie

obésitas
izbytočnyj ves

rumah sakit - bol'nica

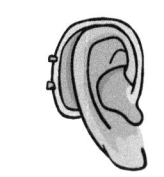

alat bantu dédéngéan	désinféktan	inféksi
sluhovoj apparat	dezinfekcyonnoe sredstvo	infekcyâ

virus	HIV / AIDS	obat
virus	VIČ / SPID	lekarstvo

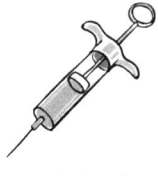
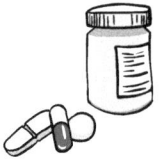

vaksinasi	tablét	pil
privivka	tabletki	protivozačatočnaâ tabletka

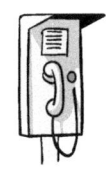

panggilan darurat	ngukur ténsi	gering / séhat
èkstrennyj vyzov	pribor dlâ izmereniâ krovânogo davleniâ	bol'noj / zdorovyj

rumah sakit - bol'nica

darurat
neotložnyj slučaj

Tulung! / Pomogite!	 alarem / signal trevogi	 gangguan / napadenie
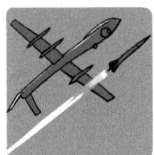 narajang / ataka	 bahaya / opasnosť	 panto darurat / zapasnoj vyhod
Seuneu! / Požar!	 alat pemadam kabakaran / ognetušyteľ	 kacilakaan / nesčastnyj slučaj
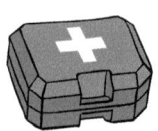 kotak P3K / aptečkâ	 SOS / SOS	 pulisi / milicyâ

Bumi
zemlâ

Eropa
Evropa

Amérika Utara
Severnaâ Amerika

Amérika Selatan
Ùžnaâ Amerika

Afrika
Afrika

Asia
Aziâ

Australi
Avstraliâ

Atlantik
Atlantičeskij okean

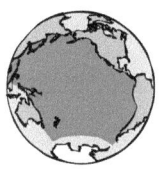

Pasifik
Tihij okean

Samudra Hindia
Indijskij okean

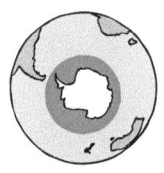

Samudra Antartika
Antarktičeskij okean

Samudra Arktik
Severnyj Ledovityj okean

Kutub Utara
Severnyj polûs

Kutub Selatan	Antartika	Bumi
Ûžnyj polûs	Antarktika	zemlâ
		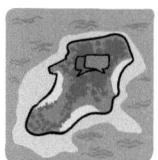
tanah	laut	pulau
suša	more	ostrov
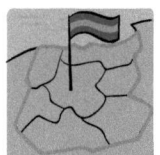	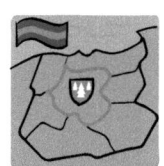	
bangsa	nagara	
nacyâ	gosudarstvo	

Bumi - zemlâ

jam
časy

jam wajah
cyferblat

jarum péndék
časovaâ strelka

jarum menit
minutnaâ strelka

jarum detik
sekundnaâ strelka

Tabuh sabaraha?
Kotoryj čas?

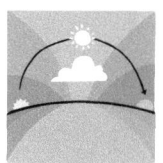

poé
den'

waktos
vremâ

ayeuna
sejčas

jam digital
èlektronnye časy

menit
minuta

jam
čas

minggu
nedelâ

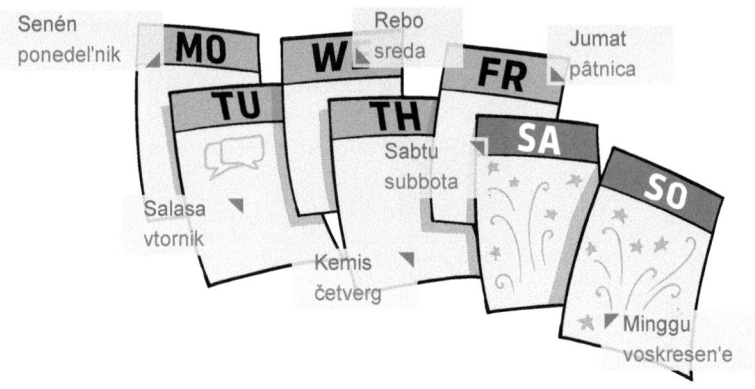

kamari
včera

dinten ayeuna
segodnâ

énjing
zavtra

énjing-énjing / isuk-isuk
utro

siang
polden'

peuting
večer

poé gawé
rabočie dni

akhir minggu
vyhodnye

taun
god

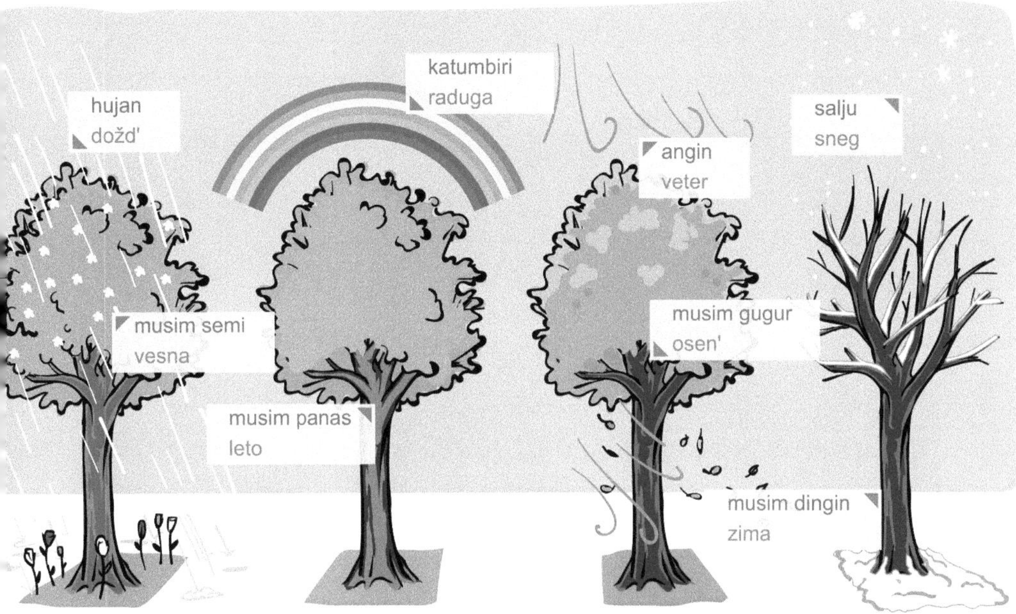

hujan
dožd'

katumbiri
raduga

angin
veter

salju
sneg

musim semi
vesna

musim panas
leto

musim gugur
osen'

musim dingin
zima

ramalan cuaca
prognoz pogody

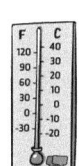

térmométer
termometr

panon poé
solnečnyj svet

awan
tuča

pepedut
tuman

kelembaban
vlažnost' vozduha

gelap
molniâ

guntur
grom

badai
burâ

hujan és
grad

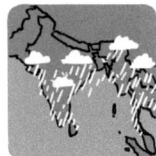
angin muson
musson

caah
navodnenie

és
led

Januari
ânvar'

Pébruari
fevral'

Maret
mart

April
aprel'

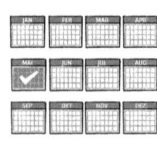
Mei
maj

Juni
iûn'

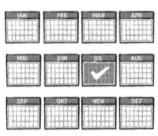
Juli
iûl'

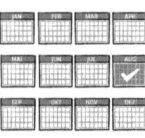
Agustus
avgust

Séptémber
sentâbr'

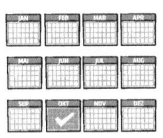
Oktober
oktâbr'

Nopémber
noâbr'

Désémber
dekabr'

bentuk
formy

buleudan
krug

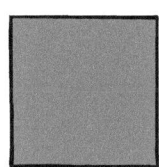
persegi
kvadrat

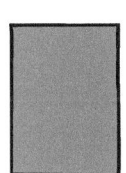
persegi panjang
prâmougol'nik

segi tiga
treugol'nik

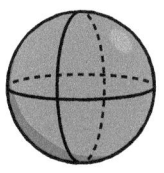
bola
šar

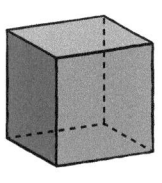
kubus
kub

warna-warna
cveta

bodas
belyj

konéng
želtyj

oranyeu
oranževyj

kayas
rozovyj

beureum
krasnyj

bungur
lilovyj

bulao
sinij

héjo
zelënyj

coklat
koričnevyj

abu-abu
seryj

hideung
černyj

sabalikna
protivopoložnosti

loba / saeutik
mnogo / malo

ambek / kalem
ârostnyj / mirnyj

geulis / goreng
krasivyj / urodlivyj

ngamimitian / réngsé
načalo / konec

gedé / leutik
bol'šoj / malen'kij

caang / poék
svetlyj / temnyj

dulur lalaki / dulur awéwé
brat / sestra

bersih / kotor
čistyj / grâznyj

lengkep / teu lengkep
polnyj / nepolnyj

poé / peuting
den' / noč'

paéh / hirup
mërtvyj / žyvoj

lega / heureut
šyrokij / uzkij

bisa didahar / teu bisa didahar

s"edobnyj / nes"edobnyj

jahat / bageur

zloj / družel ûbnyj

sumanget / bosen

vzvolnovannyj / skučaûŝij

badag / begang

tolstyj / hudoj

kahiji / terakhir

snačala / v konce

baturan / musuh

drug / vrag

pinuh / kosong

polnyj / pustoj

heuras / lemes

tvërdyj / mâgkij

beurat / hampang

tâžëlyj / legkij

kalaparan / haus

golod / žažda

gering / séhat

bol'noj / zdorovyj

ilegal / legal

nezakonnyj / zakonnyj

calakan / bodo

umnyj / glupyj

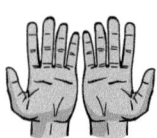

kénca / katuhu

sleva / sprava

deukeut / jauh

blizko / daleko

sabalikna - protivopoložnosti

anyar / urut
novyj / poderžannyj

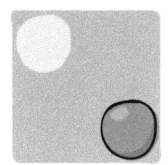
euweuh nanaon / aya nanaon
ničto / nečto

kolot / ngora
staryj / molodoj

hurung / pareum
vklûčeno / vyklûčeno

buka / tutup
otkryto / zakryto

jempé / gandéng
tiho / gromko

beunghar / sangsara
bogatyj / bednyj

bener / salah
pravil'nyj / nepravil'nyj

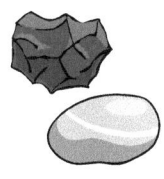
kasar / lemes
šerohovatyj / gladkij

sedih / gumbira
pečal'nyj / sčastlivyj

pendék / panjang
korotkij / dlinnyj

alon / gancang
medlennyj / bystryj

baseuh / garing
mokryj / suhoj

haneut / tiis
tëplyj / prohladnyj

perang / damai
vojna / mir

sabalikna - protivopoložnosti

angka-angka
cyfry

0
nol
nol'

1
hiji
odin

2
dua
dva

3
tilu
tri

4
opat
četyre

5
lima
pât'

6
genep
šesť

7
tujuh
sem'

8
dalapan
vosem'

9
salapan
devât'

10
sapuluh
desât'

11
sawelas
odinnadcat'

12

duawelas

dvenadcat'

13

tiluwelah

trinadcat'

14

opatwelas

četyrnadcat'

15

limawelas

pâtnadcat'

16

genepwelas

šestnadcat'

17

tujuhwelas

semnadcat'

18

dalapanwelas

vosemnadcat'

19

salapanwelas

devâtnadcat'

20

duapuluh

dvadcat'

100

saratus

sto

1.000

sarébu

tysâča

1.000.000

sajuta

million

angka-angka - cyfry

basa-basa
âzyki

Inggris

anglijskij

basa Inggris Amerika

amerikanskij anglijskij

basa Cina Mandarin

mandarinskij kitajskij

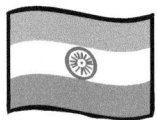

basa Hindi

hindi

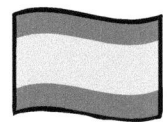

basa Spanyol

ispanskij

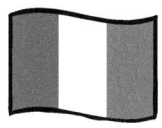

basa Perancis

francuzskij

basa Arab

arabskij

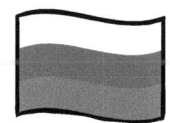

basa Rusia

russkij

basa Portugis

portugal'skij

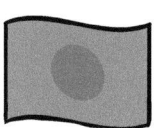

basa Bengal

bengal'skij

basa Jerman

nemeckij

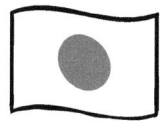

basa Jepang

âponskij

saha / naon / kumaha
kto / čto / kak

urang
â

manéh
ty

anjeunna / manéhna
on / ona / ono

arurang
my

maranéh
vy

aranjeunna / maranéhna
oni

saha?
kto?

naon?
čto?

kumaha?
kak?

di mana?
gde?

iraha?
kogda?

wasta / ngaran
imâ

di mana
gde

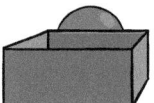

di tukang

za

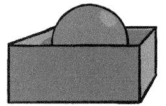

di

v

di hareup

pered

di luhureun

nad

di luhur

na

di handapeun

pod

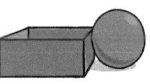

di gigir

râdom

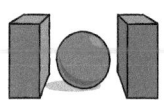

antawis

meždu

tempat

mesto